キャリア教育に活きる！

仕事ファイル

センパイに聞く

13 伝統文化の仕事

着物デザイナー
江戸切子職人
花火ディレクター
あめ細工師
こけし工人
日本酒蔵人

⑬ 伝統文化の仕事

Contents

File No.67
着物デザイナー ……………… 04
キサブローさん

File No.68
江戸切子職人 ……………… 10
三澤世奈さん／堀口切子

File No.69
花火ディレクター ……………… 16
髙橋 通さん／丸玉屋

File No.70
あめ細工師 ……………… 22
手塚新理さん／浅草 飴細工アメシン

キャリア教育に活きる！**仕事ファイル**

File No.71
こけし工人 ……… 28
富塚由香（とみつかゆか）さん／弥治郎（やじろう）こけし村（むら）

File No.72
日本酒蔵人（にほんしゅくらびと） ……… 34
御子神一葉（みこがみかずは）さん／飯沼本家（いいぬまほんけ）

仕事のつながりがわかる
伝統文化（でんとうぶんか）の仕事 関連マップ ……… 40

これからのキャリア教育に必要な視点（してん）13
伝統（でんとう）をプラスワンで進化させる ……… 42

さくいん ……… 44

※この本に掲載（けいさい）している情報（じょうほう）は、2018年4月現在（げんざい）のものです。

File No.67

着物デザイナー
Kimono Designer

キサブローさん
4年目

着物には
世界の人たちを
ひきつける
魅力がある

日本の伝統的な衣服である着物。全体の組み合わせを考えながら、生地の色や模様を決めるのが、着物デザイナーの仕事です。自らの名を冠したブランドである「キサブロー」を立ちあげた、着物デザイナーのキサブローさんにお話をうかがいました。

Q 着物デザイナーとはどんな仕事ですか？

羽織や帯、小物など、全体のコーディネート（服装の組み合わせ）を考えながら、着物の素材となる反物※の生地や色、柄を決める仕事です。

わたしの場合は、まず頭の中にあるイメージをデザイン画にします。それをパソコンに取りこみ、デザインが活きる色合いや模様を考えていきます。

パソコンでつくった画像をもとに生地を選んだら、専門の職人に頼んで色や模様の染めをほどこします。そして、最後に縫いあわせると、着物が仕立てあがります。縫い合わせは専門の職人に頼むこともありますが、自分の手で行うことがほとんどです。洋服の場合はミシンを使いますが、着物はすべて手縫いなんですよ。

着物が完成したらコレクション（作品の発表会）を開催し、着物を販売する仕事をしている人や、一般のお客さんに向けて発表します。そこで作品を見て、気に入ってくれた人には販売もしています。

Q どんなところがやりがいなのですか？

着物の新たな魅力を広く知ってもらうことです。わたしのデザインする着物には、和服と洋服、男性と女性のような垣根はありません。それまでの着物に対する固定観念をくずし、「着方がわからない」とか「着る機会がない」なんて言わせないくらい、もっと着物を身近なものとして感じてもらいたい。そのきっかけになったらうれしいですね。

頭の中のイメージを手描きでデザイン画に描きおこす。

デザイン画にパソコンで彩色をしながら細部を考えていく。

反物の生地を選定するようす。伝統的な生地にはこだわらず、デニムやベルベットなど、洋服に使われる生地で着物を仕立てることも。

色や模様を染めたあと、ひと針ひと針、手で縫って着物をしあげていく。「洋服は余分な生地を切りおとしますが、着物はむだなく使います」

完成した着物。下にデニムをはくという、まったく新しい着こなしもあわせて提案する。
©Yusuke Baba（Beyond the Lenz）

キサブローさんの1日

- 09:00 事務所へ出社。メールチェックなどの事務的な仕事
- 10:30 デザイン作業
- 13:00 ランチ
- 14:00 打ち合わせ、納品
- 17:00 デザイン作業
- 22:00 退社

用語 ※ 反物 ⇒ 1反がおとなの和服1着分になっている布地。

Q 仕事をする上で、大事にしていることは何ですか？

わたしの場合、自分のコレクション以外にも、舞台やイベント用などの衣装を依頼されてつくることがあります。その場合には、「人がほしいものは、頭で想像していることの先にある」ということをつねに意識しています。

着物のデザインを依頼するお客さんは、打ち合わせで頭の中のイメージを説明してくれます。でも、わたしは言われたままの作品にはしません。お客さんのイメージをすべて正確に表現するのは、むずかしいからです。それよりも、お客さんのイメージをはるかに上回るものを考え、相手が思っていた以上のものを提案します。すると、「こんなアイデアは思いつかなかった！」と、より満足していただけるのです。

着物を仕事にすることに初めは反対したお父さん（手前）も、今やイベントに顔を出し、キサブローさんを応援してくれるように。

Q なぜこの仕事をめざしたのですか？

わたしは創業100年の着物の仕立て屋「岩本和裁」の4代目として生まれました。幼いころから、自分で何かをつくり、表現をする仕事をしたいと思っていました。でも、着物や和裁（和服を縫うこと）には興味がなかったんです。

美術大学を卒業後、映像制作会社に勤めていたのですが、そのときの海外出張が転機になりました。着物でまちを歩くと、「いっしょに写真を撮りたい」と、多くの人が集まってきたのです。「着物には人をひきつける魅力がある」と気づき、着物ブランド「キサブロー」のアイデアが浮かびました。この名前は、岩本和裁の初代で、着物業界の革命児といわれたわたしの曾祖父・岩本喜三郎の名を受けついだものです。

その後、岩本和裁3代目の父に弟子入りを頼みこみ、和裁を習いはじめました。会社の仕事と両立しながら、必死に時間を見つけては縫い物にはげむ修業の日々でした。2年間の準備期間を経て映像制作会社を退職し、2015年に着物ブランド「キサブロー」を立ちあげました。

Q 仕事をする上で、むずかしいと感じる部分はどこですか？

デザインを考えている間は自信満々だったのに、いざ、発表するときになると、「本当にこれでいいのかな」と、不安になって、胃が痛くなることがよくあります。

また、お金のことを考えるのもむずかしいです。着物の値段は、生地の原価や縫製にかかった費用に、デザイン料を加えて決めます。着物を気軽に着てもらうためには、購入しやすい金額であることも大切です。でも、着物デザイナーとしてのデザイン料をもらわなければ、今後の活動に支障が出ます。いつも悩みながら値段をつけています。

Q 今までにどんな仕事をしましたか？

2015年、ブランドを立ちあげたときに発表したのが、黒船やペリー、武具をイメージした『開国シリーズ』です。ファッションの「新たな時代の幕あけ」という意味をこめました。

2016年には、百貨店の伊勢丹新宿店でイベントに参加しました。『ルパン三世』に登場するキャラクターたちをイメージしたオリジナルの着物をつくり、大きな反響がありました。そのあとは、着物デザインだけでなく、イベント会場全体の装飾なども手がけるようになりました。

2017年には、ブラジルで開かれた「ファッション国際会議」に招かれ、性別や人種など、あらゆる垣根をこえた新しい着物のあり方について講演しました。着物について知り、親しんでもらうために、紙で10分の1サイズの着物をつくるワークショップも開催しました。また、コレクション第2弾「鯔背-INASE-」では、着物に金のチェーンを合わせたり、気軽に洗えるように麻やポリエステルの着物をつくったりと、新たな着物の形を表現することができました。

コレクション『鯔背-INASE-』は蔵を借りきって行われた。

©Yusuke Baba（Beyond the Lenz）

Q ふだんの生活で気をつけていることはありますか?

いつも生地のことばかり考えているせいか、まちやテレビで着物姿の人を見ると、つい、素材は何か気になってしまいます。また、友人や知人と会うと、その人たちが着ている服の素材が気になり、自分でさわった上で、品質表示タグを見せてもらい、答えあわせをしています。

会社員のときと比べて、時間も心も自由になりましたが、そのぶん、健康に気をつけるようになりました。自分がたおれて迷惑をかけないよう、睡眠をきちんと取り、バランスのよい食事を心がけています。

・裁ちばさみとヘラ・

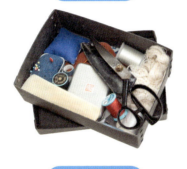
・裁縫道具・

・曽祖父の本・

PICKUP ITEM

使いこんだ裁縫道具、手入れをしながら代々使っている裁ちばさみとヘラなど、すべてキサブローさんの手にしっくりとなじむ愛用の品だ。曽祖父・初代岩本喜三郎さんの書いた本は、キサブローさんの座右の書になっている。

着物にバックパックとブーツで、まちを歩く。「ブラジルでは、帯の代わりにベルトで着物を着る人もいました。しきたりにとらわれず、自由に着物を楽しめるようにしたいんです」

Q これからどんな仕事をしていきたいですか?

講談※など日本の伝統芸能と組んでイベントを行ったり、衣装だけでなく空間や小道具もふくめた舞台全体に関わるような仕事をしたりしてみたいと思っています。ひとつの作品の世界観を、丸ごと演出してみたいんです。

それらもすべて、着物をより身近で日常的なものにして、日本国内はもちろん、世界中に広めていくという、わたしの大きな目標につながっていくと思うんです。

着物デザイナーになるには……

着物の専門学校では、染色や縫製の技術だけなく、着付けや和文化など、着物デザイナーに必要な専門知識を学ぶことができます。また、美術大学では、デザインの基礎を身につけることができます。必要な資格はありませんが、「和装技能士」や「きものコンサルタント」の資格を取っておくと、呉服店や着物メーカーへの就職に有利です。経験を積めば、独立することも可能です。

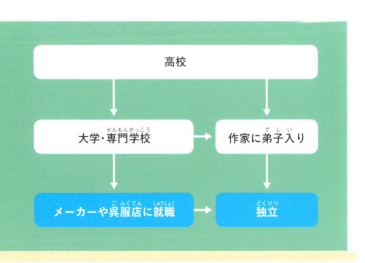

※ この本では、大学に短期大学もふくめています。

用語 ※ 講談 ⇒ 軍記や武勇伝などをおもしろく調子をつけて語る話芸。

Q 着物デザイナーになるにはどんな力が必要ですか？

新しいものを生みだすためには、何ごとも、決めつけずにまずは受けいれるという、柔軟な心をもつことが大切です。加えて、昔ながらの伝統についても、きちんと勉強をして知っておく必要があります。

わたしは着物の仕立て屋に生まれ育ったので、和裁のことはわかりますが、それだけではデザインはできません。江戸更紗や江戸小紋、無地染めなど、さまざまな手法を用いる染織技術や、木綿や絣、紬のような織り方など、着物における知識も必要です。

また、ファッションもデザインも、日本だけでなく海外を相手に仕事をする時代です。以前外国人モデルに着物を着てもらったとき、思うように意思の疎通ができず、苦労したことがあります。今のうちから英語をしっかり勉強して、コミュニケーションが取れるようにしておくとよいですね。

ブラジルでのワークショップの記念写真。ブラジル伝統の生地で着物を仕立てていき、現地の人にとても喜ばれた。

キサブローさんの夢ルート

小・中学校 ▶ アイデアを表現して世の中に広める仕事

絵を描いたり、工作をしたりするのが大好きで、工作教室に通って、陶芸から映像まで、はば広く学んでいた。

高校・大学 ▶ 芸術作品をつくる仕事

芸術に関わる仕事がしたいと思っていたが、何をテーマにすべきかははっきりしなかった。自分の方向性を探るため、一浪して美術大学に進学することに。「インスタレーション」とよばれる、場所や空間全体をひとつの作品として鑑賞者に体験させる芸術を学んだ。

会社員 ▶ 着物デザイナー

映像制作会社に勤務していたとき、海外で着物を着た際のまわりの反応から、着物デザイナーになろうと決心する。

Q 中学生のとき、どんな子どもでしたか？

すごく負けずぎらいでした。所属していたバスケットボール部では、同級生よりうまくなりたくて、夢中で練習していました。でも、試合で思うような動きができずに負けてしまうなど、くやしい思いもたくさん経験しました。

思いきり落ちこんだとき、わたしの心の支えになっていたのは、マンガやアニメです。読むだけでなく、自分でオリジナルのマンガを描いたりもしていました。今思えば、スポーツとマンガの両面で、中学時代の不安定な心のバランスを取っていた気がします。

好きな教科は、体育と美術でした。家庭科は大の苦手で、高校のときには10段階評価で2をもらったこともあります。そんなわたしが今、和裁教室で教える仕事もしているのですから、人生って不思議ですよね。

バスケットボールに熱中した中学時代に夢中になっていたマンガ、『BUZZER BEATER』。

中学時代、美術の時間に描いた点描の犬の絵。絵はとてもうまかった。

Q 中学のときの職場体験は、どこに行きましたか？

クラスの4人で、1日だけ近所のコンビニエンスストアへ行きました。体験先の候補には、マンガ家やイラストレーターの職場もありましたが、抽選に外れ、行けませんでした。

当日は店員と同じ制服を着て、レジ打ちをしました。それまでコンビニの仕事というと、商品を棚にならべてお客さんに売るだけというイメージでした。でも、この体験で、外からは見えない仕事がいろいろあるのだとわかりました。

なかでも、商品のバーコードを読みとるだけで、会計の処理だけでなく、売上・在庫管理まで同時にできてしまうという仕組みに、とてもおどろきました。また、レジのひきだしを開けるときには、12歳以下、29歳以下、49歳以下など、お客さんの大体の年齢と性別を判断してボタンを押しました。その情報をコンピューターが管理し、次の仕入れに活かせる仕組みなんです。買った物から、その人の心や生活がわかるような気がして、おもしろかったですね。

レジに立つキサブローさん。「接客以外にもいろいろな仕事があることがわかって勉強になりました」

Q この仕事をめざすなら、今、何をすればいいですか？

まずは「センス」を身につけることです。自分が気になるものや一流と呼ばれるものをたくさん見て、感覚をみがいてください。わたしも中学時代には、親が美術館やアニメの制作所に連れていってくれて、一流の作品にふれる機会がありました。その経験は今の仕事に大きな影響をあたえていると思います。

また、着物の歴史を調べてみることもおすすめです。例えば、江戸時代の若者たちは、着物をかしこまって着るのでなく、自分なりの遊び心で着こなしていました。当時の着物のスタイルをヒントに、現代風にアレンジするのもおもしろい手法だと思います。

頭で想像できるもの以上を提案するのがデザイナーの役目です

- 今できること -

ふだんの暮らし

着物のデザインを考えるのに参考になるのは、和服や洋服だけとは限りません。食べ物や風景、家具など、身のまわりのものにも、デザインのヒントがつまっています。日ごろからよく観察し、「どうしてこの配色、形になっているんだろう」と考えるくせをつけましょう。

着物には伝統がありますが、時代の変化とともに、デザインや着こなしは変わっていくものです。テレビやインターネットの情報をこまめにチェックし、今の時代に何が求められているのかを探りましょう。

国語 着物デザイナーは染色家や販売先、ショーのモデルなど、多くの人と関わる仕事です。着物のこだわりや特徴を説明できるように、語彙力や表現力をつけましょう。

美術 よいデザインを考えるには、芸術作品を多く鑑賞することがとても大切です。優れた絵画や写真、映画を観て、感性をみがきましょう。

家庭科 裁縫の基本や生地の種類など、着物づくりに関する基礎的な知識を学ぶことができます。

英語 日本の伝統文化である着物は、海外の人からも人気です。世界で活躍できる着物デザイナーをめざすために、英語力を身につけましょう。

File No.68

江戸切子職人
Edokiriko Craftsperson

堀口切子
三澤世奈さん
4年目 28歳

光を反射して輝く
江戸切子の
美しさを知ってほしい

江戸切子とは、きれいな模様がほってあるガラス工芸のことです。江戸時代後期、江戸の大伝馬町（東京都中央区）で加賀屋久兵衛がガラスの表面に彫刻をしたのが始まりといわれます。江戸切子職人として働く三澤世奈さんにお話をうかがいました。

用語 ※ ダイヤモンドホイール ⇒ 回転するホイールに人工的につくられたダイヤモンドがついていて、かたいものをけずることができる道具。

Q 江戸切子職人とはどんな仕事ですか？

江戸切子職人の仕事は、道具を使い、ガラスの表面にさまざまな模様を切りだすことです。

江戸切子は、まず、ガラスの表面に模様を切りだすときの目安となる線や点をペンで描いていく「割り出し」から始まります。

次に、ダイヤモンドホイール※という道具でガラスをけずりながら、大まかにほっていく「粗摺り」を行います。この作業は、江戸切子づくりでもっともむずかしく、昔からいちばん腕のよい親方の仕事とされてきました。少しのくるいもゆるされない、緊張感あふれる工程です。

その後、「三番掛け」の工程で細かい模様をけずりだし、けずった面をなめらかにする「石掛け」を行い、最後に不透明なところをみがきあげる「磨き」をすれば完成です。

わたしが働く「堀口切子」では、伝統技術を守りつつ、今の時代に向けた商品をめざしています。器に注いだ飲み物とガラスが反射しあって、万華鏡のように変化し、新たな世界が楽しめるようなデザインの器が代表的です。

飲み物を注いだとき、いちばん美しく見えるように計算された「黒被万華様切立盃」(左)。グラスの底をのぞくと模様が現れる(下)。

Q どんなところがやりがいなのですか？

縦、横、ななめと、繊細な模様がきざまれるのが江戸切子の特徴のひとつです。伝統的な模様がおよそ20種類あり、江戸切子職人は、これらの種類を組みあわせて、さまざまな作品をつくりだします。

自分の手で生みだしたものを、お客さんに「きれいだね」と喜んでもらえると、うれしくて仕方ありません。

わたしはインターネットショップの運営も担当しているので、メールや電話でお客さんから作品の感想をいただく機会があります。また、工房へいらっしゃったお客さんが、作品を手に取り、ほめてくれたり、喜んでくれたりすると、「もっとよい商品をつくろう！」という気持ちになりますね。

加工したガラスのしあがりを確認する三澤さん。「この仕事では、1㎜以下の微妙なちがいにもこだわります」

ガラスの器の飲み口をなめらかにする「面取り」という作業のようす。「繊細で、もっとも気をつかう作業です」と三澤さん。

三澤さんの1日

- 09:00 始業。受発注管理や書類作成、SNS※の更新など、パソコンに向かう仕事をすませる
- 09:30 作業開始。作業内容は日によってちがう
- 12:00 ランチ
- 13:00 午後もひたすら作業
- 18:00 終業。その後は、自主的に練習する
- 20:00 退社

用語 ※SNS ⇒ ソーシャルネットワーキングサービスの略。インターネット上で、人と人とが写真などの情報をやりとりする。代表的なサービスに、Instagram、Twitter、LINE、TikTokがある。

Q 仕事をする上で、大事にしていることは何ですか？

決められた時間の中で、自分ができる100%の仕事をすることです。商品には、必ず、いつまでにしあげなければならないという期限があります。仕事の精度を上げ、最大限のこだわりをもって取りくまないと、時間がなくなるにつれて、仕事は少しずついい加減になっていきます。「これでいいや」と妥協することは、堀口切子の仕事ではゆるされません。

とはいえ、わたしもまだ修業中で、自分の理想にはなかなか届きません。時間を見つけて、何度も練習します。尊敬する親方でさえ、「自分もまだ理想に届かない」と言っているほどです。本当に奥の深い仕事だと思います。

Q なぜこの仕事をめざしたのですか？

小さいころから、工作をしたり絵を描いたりするのが好きで、中学生のころはファッションデザイナーなど、ものをつくる仕事に興味がありました。高校生のころはネイルチップ（つけ爪）づくりが好きで、ネイリストにあこがれました。

大学のとき、授業で伝統工芸を調べることになり、堀口切子のことを知ったんです。作品が置いてあるギャラリーで実物を見て、洗練されたデザインに、ひと目で夢中になりました。そして、親方である堀口徹さんに直接会って「弟子にしてください」とお願いしたところ、「会社を創業したばかりだから、弟子をとれる状況じゃない」と断られたんです。

大学卒業後はネイルサロンで使う商品を販売する会社に就職し、翌年にはネイリストとして仕事を始めました。でも、堀口切子で働く夢は、あきらめていませんでした。ネイリストとして1年働いたころ、堀口切子のWEBサイトで「スタッフ募集」の文字を見つけました。今しかチャンスはないと思い、ふたたび面接に行き、採用され、ようやく江戸切子職人への第一歩をふみだすことになったのです。

Q 今までにどんな仕事をしましたか？

入社初日から、ぐいのみ（深さのある小ぶりな盃）の割り出しを任され、比較的単純な工程の作業から、少しずつ「磨き」や「三番掛け」の作業をさせてもらえるようになりました。

その後は、堀口切子の定番の商品だけでなく、ホテルのインテリア照明の「粗摺り」や「三番掛け」を担当しました。デパートでの出張実演販売やオンラインショップ運営、ロンドンでのプロモーションに同行するなど、さまざまなことに挑戦する機会をもらっています。また、親方はどんな意見にも耳をかたむけてくれるので、「こんなことをやってみたい」と、わたしから企画や提案をすることもあります。SNSを活用したPR活動や、季節限定商品の販売など、自分のアイデアから仕事につながったものも多いですね。

「WEBサイトやSNSの更新も三澤さんの仕事。「親方のすばらしい作品を多くの人に見てもらいたくて、WEB担当者に立候補したんです」

光が当たると美しい模様が浮きたつ「万華様切立盃」。黄色は三澤さんが提案した限定品。中秋の名月にちなんだもの。

親方（中央）と弟弟子（左）と。「3人で、これからもすばらしい商品をつくっていきたいんです」

・ダイヤモンドホイール・

PICKUP ITEM

高速で回転するダイヤモンドホイールに水をかけながらガラスをけずる。器の厚みは、ノギスという測定工具できちんと確認する。

・ノギス・

Q ふだんの生活で気をつけていることはありますか？

気をつけているというより、気がつくといつも、仕事のことを考えています。例えば今、江戸切子でピアスをつくることを提案しているのですが、通勤時の電車内でピアスをしている人を見かけると、どんなデザインなのかじっくり観察しています。休日も、ジュエリーショップにでかけて、どんなピアスが流行しているのかチェックしています。

また、趣味と勉強をかねて、週に1度吹きガラス※を習っています。そこでつくったガラスを職場に持ってきて、いろいろな模様を切ってみて、デザインを研究しています。

Q 仕事をする上で、むずかしいと感じる部分はどこですか？

一般的な企業に比べて、給料が低いところです。とくに見習いの間は、アルバイト程度の給料なので、本気で職人をめざそうとしても、生活するのが大変で、やめていった人もいます。

わたしの場合は、大学時代から賃貸料の安いシェアハウスに住んで、こつこつと貯金を続けていたことが、この仕事を始めるときに役立ちました。

Q これからどんな仕事をしていきたいですか？

会社にとって必要な役割をいくつもこなせる、「何でも屋さん」のような存在になりたいと思っています。

今後は、今やっている加工の技術にみがきをかけていくことはもちろんですが、それ以外のことにも力を入れたいです。堀口切子の商品を多くの人に知ってもらうため、営業や企画からデザインの提案までできる、マルチプレーヤーになりたいんです。

江戸切子職人になるには……

江戸切子職人になるためには、弟子入りさせてもらえる工房を探すことが必要ですが、定期的に求人募集を行っている工房は多くはありません。まずはガラス工芸が学べる教室に通って基礎的な技術を身につけるか、職人養成コースのある工房に通い、そのまま就職するという方法もあります。技術を身につければ長く続けることができ、独立して自分の工房をもつことも可能です。

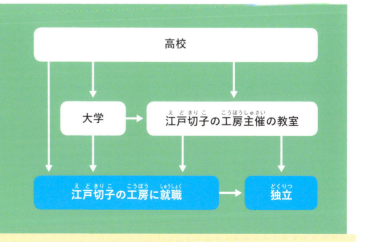

用語 ※ 吹きガラス ⇒ ステンレスなどのパイプ管に溶けたガラスを巻きつけて、息をふきこみながら形をつくっていくガラスづくりの方法。

Q 江戸切子職人になるにはどんな力が必要ですか？

江戸切子に対する熱意と覚悟、そして大事なのは集中力をコントロールできるようにすることです。商品をつくる工程には、一瞬の気のゆるみもゆるされない場面も多いですが、ずっと気を張っていては、疲れてしまいます。適度な緊張感を保つ力が必要です。

作業中の工房は、それぞれが集中していて、緊張感がただよう。

Q 中学生のとき、どんな子どもでしたか？

吹奏楽部に所属してフルートを担当するかたわら、小学2年生のころから続けていたピアノにも力を入れていました。連弾（ふたりで1台のピアノを弾くこと）でピアノのコンクールに出場したり、学校の合唱コンクールで伴奏をしたり、人前で弾くことも多かったですね。合唱コンクールでは中学2年生、3年生と2年連続で「伴奏者賞」を受賞しました。

得意教科は国語と英語と美術、苦手科目は数学でした。楽器は弾けても歌は得意じゃないので、音楽の成績はまあまあでした。

そのころのわたしは、口下手で、言いたいことがはっきり言えないタイプでした。なので、ピアノやフルートをだれかといっしょに演奏して、コミュニケーションを取ることが楽しかったのだと思います。

中学の体育祭での三澤さん。「自分の好きなことを、とことんがんばるタイプの子でした」

三澤さんの夢ルート

- **中学校 ▶ ファッションデザイナー**
  工作や絵を描くことなど、ものづくりが好きだった。
- **高校 ▶ ネイリスト**
  ネイルチップをつくることに夢中になり、ネイリストをめざそうと考える。
- **大学 ▶ ネイリスト→江戸切子職人**
  授業の一環で堀口切子に出会い、ネイリストから、江戸切子職人に夢が変わる。3年生のときに親方に「弟子にしてください」と頼むが、断られる。
- **社会人 ▶ ネイリスト→江戸切子職人**
  仕事をしながらネイリスト専門学校に通い、翌年ネイリストに。その1年後、堀口切子のWEBサイトで求人があり、ふたたび面接へ。念願かなって江戸切子職人となる。

中学時代に授業でつくった木製のネコのパズル。このころから、手作業や、自分の手で何かをつくりだすことが大好きだった。

Q 中学のときの職場体験は、どこに行きましたか?

手に職をもつ人にあこがれがあったので、先生の用意してくれた体験先リストから、美容院を選びました。地元ではわりと大きなチェーン店で、わたしも切ってもらったことがあるお店です。1日だけの体験ですが、友だちとふたりでわくわくしながらでかけたのを覚えています。

床に落ちたお客さんの髪の毛をそうじしたり、お店の窓をきれいにふいたりしました。20代の美容師さんが指導役についてくれて、マネキンのウィッグ(かつら)にカーラーを巻いて、パーマをかける練習もさせてもらいました。

Q 職場体験では、どんな印象をもちましたか?

当時は、毎朝自分の髪を結ったり、学校で友だちの髪を結ってあげたりしていたので、髪の毛をあつかうのは得意だと思っていました。でも、パーマをかける作業のとき、緊張してきれいに巻くことができず、けっこう落ちこみました。

失敗したのがくやしくて、何度も練習をくりかえし、きれいに巻けるようになったのを見て、美容師さんが「すごい! わたしより上手だね」とほめてくれて、とてもうれしかったです。そのときに、最初にできなくても、練習を重ねればできるようになるんだ、ということを知り、自信をもつことができました。

Q この仕事をめざすなら、今、何をすればいいですか?

江戸切子の展示会が開催されていたら、実際に足を運んでみてください。最近はインターネットで何でも手軽に見ることができますが、本物を自分の目で見ることが大切です。

わたしは特別器用な人間ではないし、むしろ、すぐに緊張して手がふるえてしまうタイプです。でも、自分がつくった江戸切子を喜んでくれるお客さんがいると思うと、絶対に妥協したくない、よりよいものにしあげたいという責任感やこだわりが生まれます。江戸切子職人に限らず、自分の好きなことで人を喜ばせることができる仕事はとても幸せです。今から自分の好きなこと、得意なことを考え、自分をよく知る努力をしておくとよいと思います。

妥協はゆるされない。ひとつひとつの作業に100%の力で臨みます

- 今できること -

ふだんの暮らし

江戸切子職人には、美しいものを見極める目が必要です。中学生のうちから質のよいものにふれていると、感性がみがかれます。ふだんから美しい自然をながめたり、美術館で作品を鑑賞したり、百貨店で装飾品を手に取ってみたりするのがおすすめです。

また、江戸切子の特徴である緻密で繊細な模様を描くには、こつこつと同じ作業をくりかえし、少しずつ技術力を上げていくことが大切です。部活や勉強などで継続する力と集中力を身につけましょう。

国語 工房では、自分でつくった作品の販売をすることもあるので、コミュニケーション力が必要です。表現力や語彙力をきたえましょう。

社会 江戸切子は江戸時代後期が始まりとされ、時代とともに技法や使われ方が変わっていきました。その背景となる歴史を学んでおきましょう。

美術 絵を描いたり、版画をつくったり、美術の授業で出会うさまざまな作品づくりは、すべて将来に活きてきます。積極的に授業での作品づくりに取りくみましょう。

体育 材料のガラスは重いですし、ときには力が必要な作業もあります。体力をつけておきましょう。

File No.69

花火ディレクター
Fireworks Director

丸玉屋
髙橋 通さん
6年目 28歳

光と音を演出して人を感動させるショーをつくる

はなやかな花火大会の裏側には、それを支える職人たちの地道で繊細な作業の積み重ねがあります。多くの花火大会を手がける丸玉屋で、花火の演出を担当する花火ディレクター、髙橋通さんにお話をうかがいました。

Q 花火ディレクターとはどんな仕事ですか？

花火ディレクターは、花火大会を光と音のショーと考え、どの花火をどんなふうに打ちあげるか構成を決め、音楽もふくめて全体の演出を考える仕事です。ぼくたちは花火の製造は行いません。

花火は、打ちあげる何か月も前から準備をします。まず、主催者と打ち合わせをして、花火大会の目的や予算などを聞きます。そして、会場の下見をし、広さや観客の位置、花火の設置場所を確認します。また、地方公共団体や土地の所有者から、花火を打ちあげる許可をもらうことも必要です。

そして、どんな種類の花火をどんな順番で打ちあげるかを考えたプログラム（演目）をつくります。花火大会のテーマや、主催者の要望に合わせて使用する音楽も考えます。始まりから終わりまで、光と音を演出して、お客さんに感動してもらえるショーになるように考えるのです。花火大会では、早くて3日前、遅くて当日に現地入りします。当日は機材を設営したり、打ちあげ筒を設置したりします。

花火は、導火線に人がひとつひとつ点火するわけではなく、離れた場所から「フィールドコントローラー」というコンピューターで導火線に電気信号を送って点火し、打ちあげています。打ちあげ終了後にかたづけをして、ようやく花火大会が終了します。ここまでがすべて、ぼくの仕事です。

花火をつくるのは手仕事ですが、プログラム制作から点火まで、今はコンピューターを駆使することが多いんですよ。

Q どんなところがやりがいなのですか？

お客さんの期待に応えなくてはいけないというプレッシャーがあります。でも、花火を打ちあげている間に、客席から歓声や拍手が聞こえてくると、これまでの苦労がふきとび、「この仕事を選んでよかった」と誇らしい気持ちになります。

また、プログラム制作は、とてもやりがいのある仕事です。例えば、ヒットした映画の神秘的なワンシーンをイメージして、その映画の主題歌と花火を組みあわせたり、アイドルの曲でポップな雰囲気にしてみたり。時間をかけてつくったプログラムがお客さんに喜ばれたときは、最高の気分です。

髙橋さんが演出した花火。「頭の中で花火大会を成功させられるくらい、イメージが完成していないといけないんです」

花火ショーのプログラムをつくる「Show Director」というソフトを操作。数百種類の花火の特徴は花火を実際に打ちあげながら覚えた。

打ちあげ筒に花火玉を装填しているところ。この日は小雨のおそれがあったので、防水のビニールもかぶせている。

花火に点火をする「フィールドコントローラー」。ここから信号を送り、それぞれの花火に点火する。

髙橋さんの1日（花火大会）

- 07:00 現場到着、ミーティング
- 07:30 火薬、資材、機材の各トラックが到着
- 08:00 花火や機材の設置
- 12:00 ランチ
- 16:00 消防などの現場立ち合い検査
- 16:30 花火の確認作業
- 19:00 花火ショー本番スタート
- 19:30 本番終了、現場安全確認
- 22:30 撤去完了

Q 仕事をする上で、大事にしていることは何ですか？

花火は火薬という危険物をあつかう仕事です。作業中の小さなミスや油断が大きな事故につながるので、安全管理がもっとも大切です。この仕事を始めてから、火薬のあつかいをきちんと勉強して、国家資格である「火薬類取扱保安責任者」を取得しました。この資格があると、現場の指揮をとるなど、責任ある仕事を任されるチャンスが増えるんです。また、花火の打ちあげや現場の設営作業をするための「煙火消費保安手帳」も取得し、万全を期しています。

花火大会会場に仮設した「点火小屋」。打ちあげの全体を管理する司令塔の役割を果たす。

通電チェックのようす。花火に点火をする配線がしっかりと機能していることを確認する。

Q なぜこの仕事をめざしたのですか？

地元で開催されていた花火大会を、いつも家族で見にいっていました。その影響なのか、幼稚園のころから、花火をつくる人や打ちあげる人にあこがれて、小学校の卒業文集に「夢は花火師になることです」と書いていました。

高校卒業後、花火の会社に就職したかったのですが、募集している会社はありませんでした。人のために何かをしたいという気持ちが強かったので、宮城県南三陸町の観光ホテルに就職しました。でも、入社から約1年後、東日本大震災が発生して、職場のホテルが被災したんです。復旧のめどが立たず、結局退職しました。

その年の8月、地元で震災犠牲者のために打ちあげられた慰霊花火を見ました。鎮魂の白い菊をイメージした、白一色の花火を見ているうちに、自然と涙があふれ、心が強くゆさぶられました。あらためて花火のもつ奥深さと力強さを知り、「やっぱり花火の仕事がしたい」と決意しました。

その後、地元のハローワークで、丸玉屋のアルバイト募集を見つけました。1年後には契約社員に、さらにその1年後には正社員となり、現在にいたっています。

Q 今までにどんな仕事をしましたか？

2017年の春から、プログラム制作の仕事を任されるようになりました。それまでは、現場で花火を打ちあげたりする仕事をしていたのですが、先輩の仕事を見て、「自分もプログラム制作をしたい」と希望は出していたんです。

ふだんは、テーマパークのショーで通年に渡って花火を打ちあげています。初めて花火をさわったときは、緊張のあまり、手がふるえていたぼくが、今ではスタッフたちの育成も担当するようになりました。

また、夏になると、各地の花火大会が週末ごとに開かれるので、テーマパークをほかのスタッフに任せて、ぼくは各地に出向いて花火を打ちあげます。同じ内容をくりかえす現場とはちがい、花火大会には、ゼロからつくりあげていく楽しさがあります。学ぶことが多く、入社6年目の今でも毎日が勉強です。

福島県のJRA福島競馬場で行われた花火大会。30分間5000発の花火と音楽で、見る人を感動させた。

- さまざまな工具 -

- 手の平側がゴムになった手袋 -

- ヘッドライトの付いたヘルメット -

- 無線通信機 -
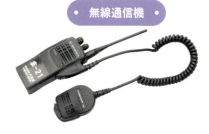

PICKUP ITEM

打ちあげ筒の配置や配線には、さまざまな工具を使用する（左）。感電防止のための手袋を着用し、広い会場でのスタッフどうしの連絡には無線機を使う（右）。打ちあげが始まったらヘルメットを着用。花火大会の終了後は、暗やみの中、ヘッドライトの光を頼りに会場をかたづける。

Q 仕事をする上で、むずかしいと感じる部分はどこですか？

自由に休みがとれないことです。月に4日の休日がありますが、花火大会が集中する7月、8月は、準備やかたづけに追われて、休みはほぼありません。この時期は、自宅にもどる時間もなく、トランクひとつで現場から現場へと移動します。2週間から1か月くらいもどれないこともあり、子どものいる先輩から「家を空けている間に、ハイハイしていた子が歩けるようになっていた」という話も聞きましたね。

現場では、朝7時から準備が始まり、本番が終わってからたづけや機材の撤収作業をしているうちに、日付をまたぐこともめずらしくありません。夏はいそがしいですが、秋から冬にかけては休みをまとめてとることができます。

Q ふだんの生活で気をつけていることはありますか？

体力維持と健康管理ですね。アルバイトでこの仕事を始めたとき、「けっこう体力がいるんだろうな」とは思っていましたが、実際にやってみると、「ここまで体力が必要なのか！」というほどの衝撃でした。

打ちあげ筒は、通常のサイズの場合、16本が1セットで約5kg、高さ150cmほどの大きい筒になると約10kgもあります。それらを延々と大量に持ちはこび、セッティングをするんです。油断すると、腰痛を発症することがあり、ぼくも以前、椎間板を傷めて、コルセットを巻きながら仕事をしました。元気に夏をのりきるため、最近では春ごろから毎朝ランニングをしたりして、体力増強に努めています。

花火ディレクターになるには……

花火ディレクターになるには、花火会社に入社し、知識や技術を学ぶのが一般的です。しかし、花火会社は小さな会社が多く、募集していることは少ないでしょう。自分で直接問いあわせてみることが大切です。あらかじめ取得しておく必要はありませんが、花火の製造に関わる場合、「火薬類取扱保安責任者」の資格や「煙火消費保安手帳」が必要になります。

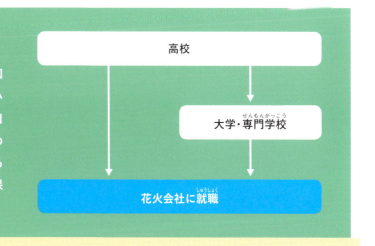

Q これからどんな仕事をしていきたいですか?

花火のプログラム制作を任されるようになってまだ半年くらいなので、今は先輩のやっていることをまねしながら、いろいろな方法を試している状態です。練りあげたプログラムでも実際に打ちあげてみると、思いえがいていたイメージ通りにいかないこともあり、むずかしさを実感します。200種以上もの花火の特徴をすべて把握し、会場の条件に合わせて使い方を考え、音楽とぴったり合わせるためには、さまざまな大会で経験を積むことが必要です。また、時間のあるときには色彩やデザインの勉強をし、いずれはだれが見てもぼくの作品だとわかるくらいの個性を確立したいと思っています。

音楽CDがずらりとならんだ会社の部屋で花火大会の音楽を考える。花火と音楽の組みあわせしだいで、印象はガラリと変わる。

髙橋さんの夢ルート

小学校〜高校2年生 ▶ 花火師
地元、宮城県気仙沼市で、毎年夏に開催されていた「気仙沼みなとまつり花火大会」がきっかけで、花火の世界にあこがれた。

高校3年生 ▶ 観光ホテルの従業員
花火会社には求人がなかったので、花火と同じように「人を喜ばせる仕事」であるホテルへの就職を決めた。

失業中 ▶ 花火に関わる仕事
東日本大震災でホテルが被災し、退職。失業中に見た慰霊花火に心を打たれ、花火の仕事をすることを決意する。

Q 花火ディレクターになるにはどんな力が必要ですか?

つねに危険ととなりあわせの仕事なので、責任感や緊張感をもつことはとても重要です。

また、現場では、夏の炎天下でも、重い機材を運んだり、細かな作業をこなしたりしなければならないので、体力と忍耐力も必要な要素だと思います。以前は男性の多い職場でしたが、最近では女性も増えてきましたね。いっしょに機材を運んだり、配線をしたりと、頼りになる存在です。

Q 中学生のとき、どんな子どもでしたか?

高校の教員で、卓球部の顧問をしていた父の影響で、ぼくも小さいころから卓球をしていました。中学では卓球部の部長をつとめていましたが、みんなをまとめたり、指導したりするのが苦手で、悩んだこともありました。県でベスト16に入ったことがあり、高校へは卓球のスポーツ推薦で進学しました。このころから卓球を通しておとなとの関わりが増えていきました。社会人になってから、目上の人と接するときに役に立ったと思います。

好きな教科は国語と体育、苦手科目は数学です。今は花火という「美」をつくる仕事をしていますが、このころは美術はそれほど好きじゃなかったですね。

中学時代の髙橋さん。部活に加えて、放課後は社会人ともいっしょに練習していた。

卓球部のユニフォーム。「県大会に出場することができたのはうれしい思い出です」

Q 中学のときの職場体験は、どこに行きましたか？

中学2年生のとき、地元のデイサービス※に4日間、5人くらいで行きました。当時、同居していた祖父がデイサービスを利用しはじめたところだったので、興味をもったのが理由です。第1希望で選びました。

事前授業であいさつの仕方や敬語の使い方を学び、施設では、担当の介護士といっしょにデイサービス利用者の食事の世話や入浴の手伝いなどをしました。

Q 職場体験では、どんな印象をもちましたか？

技術と体力のいる仕事だと実感しました。食事のお世話では、自力で食べるのがむずかしい人に、「あーん」と口を開けてもらって、介助をするのですが、タイミングがうまく合わず、むずかしかったですね。でも介護士たちは、ひとりで3人くらいの利用者を相手に、同時に介助をするんです。

また、入浴の介助では、介護士といっしょに利用者のからだを持ちあげたのですが、これもふだんはひとりでこなしていると聞き、おどろきました。体重移動の仕方を工夫して、自分のからだに負担がかからないようにしているそうです。

仕事でお金をかせぐためには、プロフェッショナルな技術をもつことが必要だということを学んだ4日間でした。

Q この仕事をめざすなら、今、何をすればいいですか？

地元の花火大会だけでなく、日本各地のさまざまな花火大会に足を運んでみてください。花火会社によって、花火の色に特徴があったり、特徴的なプログラム構成があったりと、いろいろなちがいがあることがわかります。現場に行くことがむずかしい場合は、インターネットで動画を観て研究するのもおすすめです。

使われている音楽も、地元の音頭もあれば、流行している曲もあったりして、地域によってバリエーションがありますよ。「自分ならこんな音楽を使ってみたい」とか、「こんな順番で打ちあげてみたい」などと、想像力をふくらませて、オリジナルのプログラムを考えてみてください。

人の心を打つ花火 その裏には入念な準備と徹底した管理があります

- 今できること -

ふだんの暮らし

花火ディレクターの募集を見つけるのはむずかしく、就職したあとも一人前になるまでに5年から10年はかかるといわれます。下積み期間をのりこえる根気を養うため、勉強や部活など、何でも一生懸命に取りくみましょう。

花火は音と光が合わさって、人々に感動をあたえるものです。花火大会だけでなく、ショーやコンサート、イルミネーションなどにも企画のヒントになるものが隠されています。積極的にいろいろな場所に足を運びましょう。

 国語 主催者と打ち合わせをしたり、現場の担当者に指示を出したりと、多くの人と関わる仕事です。自分の意見を伝えられるように、表現力と語彙力をみがきましょう。

 理科 花火の色は「炎色反応」という科学現象が利用されています。また、光と音が到達する速度も、理科の学習内容と関連があります。花火の原理を学びましょう。

 美術 色彩感覚や形のバランスなど、美術の授業で習う内容が花火の構成を考える上で役に立ちます。名画を見て、人々がどんなものに感動をするかを学びましょう。

 体育 重い機材を運びながら作業をするため、体力が必要です。運動をして、からだづくりをしましょう。

用語 ※デイサービス⇒高齢者が日帰りで施設に通い、食事や入浴など、日常生活の介護を受けることができるサービス。

File No.70

あめ細工師
Amezaiku Craftsperson

浅草 飴細工アメシン
手塚新理さん
28歳

小さな水あめのかたまりが、今にも泳ぎだしそうな金魚や、かわいい犬、猫へ早変わり。おとなも子どもも夢中になるあめ細工は、どう生みだされるのでしょうか。「浅草 飴細工アメシン」の社長で、あめ細工師の手塚新理さんにお話をうかがいました。

お客さんの前で腕が試される それがあめ細工の魅力

90度くらいに熱した水あめを、大きなはさみ（片手刈込）でひとかたまりずつ切りだす。

棒の先に丸く整えたあめをつける。手前のバーナーは、造形が終わってから熱で表面をとかしてつやを出すのに使う。

にぎりばさみを使ってさまざまな角度から切りこみを入れたり、模様をきざんだりして成形する。「あめはどんどん固くなるので、時間との勝負です」

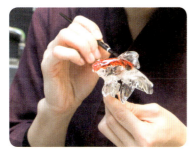

十分に冷ましたあと、筆を使って着色。「この部分は最近、ほかの職人に任せることも増えてきました」

本物のような美しい金魚が完成！

Q あめ細工師とはどんな仕事ですか？

溶かした水あめを金魚やうさぎなど、さまざまな形に細工するのが、あめ細工師です。あめ細工は、江戸時代に現在のような形になったといわれる、日本の伝統技術です。お客さんの目の前で実演しながら完成させるのが特徴で、職人としての確かな技術が必要となります。

ふだんはおもに店で実演をしていますが、国内や海外に出張して、イベントであめ細工をつくったり、体験教室を開いたりすることも多いですね。

職人というと師匠に弟子入りするイメージがあると思いますが、あめ細工の場合、一から教えてくれる師匠はなかなかいません。ぼくの場合、独学で技術を身につけました。

Q どんなところがやりがいなのですか？

自分の腕一本で勝負できるところです。あめはすぐに冷めて固くなるので、3分ほどでしあげなければなりません。お客さんの前で、自分の技術力がそのまま試され、ごまかすことはできない。それが、あめ細工の魅力だと思います。

ぼくは技術をみがくために、ひたすらあめ細工の練習をくりかえしてきました。また、細工にぴったりの水あめをつくるために、水あめをとかす温度や材料の配合の研究も重ねました。そんな努力のかいあって、弟子は現在8人に。日本国内だけでなく、海外のテレビ番組や雑誌にも取りあげられるほど注目されるようになりました。

手塚さんのある1日

- 09:45 出社
- 10:00 取引先の人との打ち合わせのあと、あめ細工の実演を開始
- 14:00 従業員応募者の面接
- 15:00 あめ細工の実演
- 17:00 テレビや新聞の取材
- 21:00 退社

Q 仕事をする上で、大事にしていることは何ですか？

技術をつねに、みがきつづけることです。

技術という土台がしっかりしていれば、どんな形のものでも忠実に再現することができます。例えば、海外のイベントで、つくったことのないものを急にリクエストされても、技術がしっかりしていれば、頭の中に思いえがいたものを、その場でつくりあげることができるんです。

現状に満足せず、技術をみがくための努力は、おしみなく続けています。

手塚さんがデザインから考えてつくったあめ細工。「弟子や体験教室に来た方には、まずうさぎから教えます」

「ときには、10時から21時まで、ひたすら実演販売を行う日もあります」

Q なぜこの仕事をめざしたのですか？

幼いころから、手を動かして何かをつくるのが好きでした。

中学校を卒業後、ものづくりを本格的に極めてみたいと思い、高等専門学校※の機械科に進学しました。でも、入学してしばらくすると、「何かちがう」と感じるようになったんです。エンジニアや研究者をめざすためのカリキュラムに興味がもてず、自分がしたいのは、手を動かして何かをつくる職人の仕事だと気づいたんですね。

それで思いついたのが、花火師の仕事でした。高専在学中に、花火会社でアルバイトを始め、火薬をあつかう資格を取得し、卒業後はその会社に就職しました。でも、わずか1年でその会社を辞めたんです。

それから、どんなものづくりに挑戦するか、本を読んだり、いろいろ調べたりして考えました。そんなとき、ふと目に留まったのが「あめ細工」でした。さっそくあめ細工の体験教室に行ってみたら、「これはおもしろい」と胸が高鳴りましたね。自分の感性や技術をみがき、お客さんの目の前で表現する。これが、自分のやりたかったことだと気がつきました。

Q 今までにどんな仕事をしましたか？

日本のあめ細工師は年々減りつづけています。そこで、自分がこの世界に入って、業界を盛りあげたいと考え、さっそく研究をスタートしました。

あめ細工師をめざして、水あめの研究や細工の練習を重ねていたのですが、そのうちに、少しずつイベントやパーティーなどに呼ばれて、あめ細工師として仕事をするようになりました。しかし、これだけでは食べていけないので、配達のアルバイトや、インテリアデザインの仕事をかけもちする毎日でした。

少しずつ、あめ細工の仕事が注目されるようになり、気がついたらあめ細工師としての仕事だけで生計を立てられるようになっていました。2013年、24歳のときに念願の1号店を東京都の浅草に、2015年には東京スカイツリーに2号店も開店しました。

用語 ※ 高等専門学校 ⇒ 高専ともいう。技術者の養成を目的とした、5年一貫教育の学校。

・片手刈込

・にぎりばさみ

PICKUP ITEM

片手刈込は園芸用のはさみ。店の刻印が入った鉄のにぎりばさみは特注品で、兵庫県の職人に頼んでつくってもらっている。あめの粘着力に負けないよう、とてもかたくつくられている。

Q 仕事をする上で、むずかしいと感じる部分はどこですか？

時間勝負の仕事なので、つねに判断力や集中力が問われるところですね。「えーと、どこをどんなふうにしようかな」などと、ゆっくり考えているひまは1秒もありません。

また、あめはとても熱いので、慣れないうちはやけどをしてしまいます。訓練を始めた弟子たちも、最初はみんな「熱い！」とあめを落としてしまいます。それから、にぎりばさみであめに切りこみを入れるときは強い力が必要なので、手がマメやタコだらけになります。でも、あきらめずに毎日練習するうちに、うまくできるようになっていくのです。

それから、あめの調合は季節で変えています。湿気の多い夏や、気温が低く乾燥する冬は、調合がむずかしいときがあります。

Q これからどんな仕事をしていきたいですか？

これからも、どんどんあめ細工の技術をみがいて、日本だけでなく、世界中の国々から「日本のものづくりはおもしろい」と注目されるようになりたいですね。世界に店舗を出したいという気持ちはあまりありません。逆に、世界中の人が日本に来るきっかけになればいいなと思います。

実演をしていると、「若いのに、日本の伝統を守っていてすばらしいですね」と言われることがありますが、ぼくは「伝統は守るもの」とは思っていません。つねに進化しつづけ、時代に合わせて生きのこる工夫をしていく中で、ふとふりかえったときに、100年続いていたりする。そうやって次世代に受け入れられてきたものが伝統だと考えています。

Q ふだんの生活で気をつけていることはありますか？

職人として、社長として、あわただしい毎日を過ごしているので、休みが取れたときには、釣りや温泉にでかけて、自然の中でゆっくり過ごすようにしています。

また、ぼくは高校時代からバイクにのっていたのですが、ケガをしたら仕事に影響が出るので、今はのらないようにがまんしています。でも、ときどき、バイクにのって走ったら気持ちいいだろうな、と思うこともありますよ。

あめ細工師になるには……

あめ細工師を養成する専門の学校はありませんが、製菓専門学校の授業で、あめ細工の技術を学ぶことはできます。ただし、あめ細工の技術を専門的に学びたいのであれば、あめ細工を職業としている人に弟子入りするか、独学で技術を身につけるしかありません。

いずれにせよ、あめ細工だけで生計を立てるのはとても大変だということを覚えておきましょう。

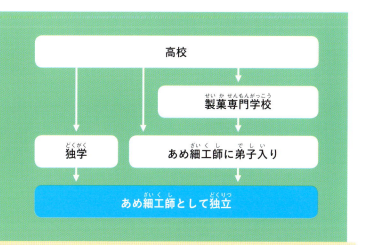

Q あめ細工師になるにはどんな力が必要ですか？

何度も訓練をくりかえして、技術をからだに覚えこませる仕事なので、根気と粘りづよさがとても大切です。自分の手を動かし、もくもくと何かをやりつづけることを楽しいと思える人に向いています。あこがれだけではむずかしいかもしれませんね。ぼくのところにも、入門後に想像以上にきびしい世界だということを知って、続けられなくなってしまった弟子がこれまで何人かいたんです。

また、最近は海外から日本に訪れる人も増えてきています。日本の伝統的な仕事をする人こそ、これからの時代は、英語力が必要だと思います。ぼくも、海外の人と仕事の話をしたり、インタビューを受けたりする機会が多いです。それから、体験教室で、外国からのお客さんに説明をすることもあります。そんなとき、「通訳の人の力を借りることなく、自分で伝えられたらいいのに」ともどかしく思う場面がたくさんあります。中学時代にもっと英語を勉強しておけばよかったと、後悔しています。

「実演販売が基本なので、人に見られることに慣れることも大切です」

Q 中学生のとき、どんな子どもでしたか？

先生の言うことはあまり聞かないけれど、勉強はけっこうできるという子でした。得意教科は、数学、理科、美術、技術。絵画では、賞をとったこともあります。苦手な科目は音楽でした。地元の道場で空手をやっていたので、部活には入っていませんでした。

中学時代には正直、あまりよい思い出がないんです。というのも、集団行動を強いられることが苦手だったので。文化祭や体育祭なんかも、ぼくはどこか熱くなれませんでしたね。ひとりひとりの個性よりも、「みんなで同じ行動をすることが大事」という風潮に対して、疑問を感じていたんです。みんなに合わせることを強いる先生には、けっこう反抗的な態度を取っていました。

今ぼくは、会社の経営者として、従業員を導く立場になりました。中学時代の経験から、個人の得意分野や技量を活かし、自分の足りないところをみんなで補いあうという会社づくりをしています。

手塚さんの夢ルート

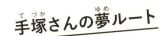

- **小学校・中学校 ▶ 何かをつくる仕事**

    伝統技術ではなく、飛行機や自動車、金属加工などのものづくりにあこがれていた。

- **高専 ▶ 花火師**

    エンジニアや開発者を養成する高専のカリキュラムに「自分のやりたいこととはちがう」と感じ、自分の手を動かしてものづくりができる仕事に興味をもった。

- **花火会社を退職 ▶ あめ細工師**

    ものづくりの仕事についていろいろ調べるうちにあめ細工にひかれ、独学で技術を身につける。

空手の道着姿の手塚さん。努力が実り、高校生になったころには大会で入賞するまでの腕前になった。

Q 中学のときの職場体験は、どこに行きましたか？

何年生のときかは、はっきりとは覚えていないのですが、学校の近くにあった自動車販売店の整備工場で、数日間の職場体験をしました。終わったあとは各自、レポートを書いて提出したような記憶があります。

先生が提示したリストの中から、いちばん興味を感じたのが、ここの仕事でした。当時は、将来はものづくりの仕事をしたいと思っていたので、機械の整備などはわりと似ていますよね。整備工場では、整備士にタイヤ交換の作業を教わったのが印象的でした。ひと通りのタイヤ交換の手順を覚えたあと、いっしょに体験した同級生と、交換作業のタイム競争をしたんですよ。

Q 職場体験では、どんな印象をもちましたか？

「専門的な技術を身につけている人は、やっぱりすごい」と実感しました。ぼくたちが教わったタイヤ交換でも、整備工場の人たちは、細やかで正確なのに、仕事がとても速いんです。

整備士のあざやかな仕事ぶりを見て、同じ作業をするなら、速いにこしたことはないと実感しました。「速さが大切」という意識は、あめが固まるのと競争しながらいかに細やかな細工をほどこすかという、今の仕事にも活きています。

Q この仕事をめざすなら、今、何をすればいいですか？

情報は本やインターネットを使えばいくらでも得られますが、できるだけ本物を見る目を養ってください。あめ細工をつくるのにいちばん見本になるのは「自然」です。昔の人はデザイン見本なんかないので、自然を見ながらつくるしかありませんでした。例えば金魚であれば、表情やからだの動きをとことん見て、研究することが大切です。

ぼく自身もあめ細工だけで生計を立てるのは大変だったので、「この仕事はいいですよ」とやみくもにおすすめすることはできません。でも、今のように便利な世の中で、できあがった製品ばかりに囲まれているのでなく、自分でつくることのすばらしさを知ってほしいと思います。

－ 今できること －

ふだんの暮らし

あめ細工師として一人前になる前は、長い下積み期間を耐えぬく根気が必要です。部活でレギュラーになれないときや、勉強でなかなか結果が出ないときでも、あきらめず努力を続けてみましょう。

また、最近は職人の数が減り、師匠を探すのもむずかしい場合が多いです。少ないチャンスを活かすには、人脈づくりも重要です。決まった人とだけ仲よくするのではなく、いろいろな人とコミュニケーションを取りましょう。意外なところでつながることがあるかもしれません。

 社会 伝統工芸がどのように受けつがれてきたのか、歴史を学ぶことは、技術の向上に役立ちます。

 美術 立体デザインの基礎を学びましょう。また、美術作品を多く鑑賞しておくと、あめ細工をつくるときに役立ちます。

 技術 はさみを器用に動かして、自分の思いえがいた作品をつくりあげる仕事です。工具をしっかり使いこなせるように、練習しましょう。

 英語 日本の伝統技術は海外からも注目されています。日常会話を覚え、外国人ともコミュニケーションをとれると便利です。

File No.71

こけし工人
Kokeshi Craftsperson

弥治郎こけし村
富塚由香さん
8年目 25歳

**伝統こけしに
わたしらしさを加えて
世界に通用する
こけしをつくりたい**

江戸時代から東北地方で、農業ができない冬季の仕事としてつくられていたこけし。宮城県白石市にある弥治郎こけし村は、弥治郎系伝統こけし※の展示館です。ここで働く、最年少の女性こけし工人、富塚由香さんにお話をうかがいました。

用語 ※弥治郎系伝統こけし ⇒ 宮城県白石市に伝わる伝統のこけし。大きな頭とろくろで描く線の模様が特徴。

Q こけし工人とはどんな仕事ですか？

こけしをつくる職人のことを、こけし工人といいます。伝統こけしは、東北6県に今も残っていますが、わたしがつくっているのは、宮城県白石市に伝わる弥治郎系こけしです。職人の組合組織である工人会に技能が認められることで、初めて「こけし工人」を名乗ることができるようになります。

こけしづくりでは、まず、材料となる木材をろくろ※に取りつけ、回転させながら、バンカキとカンナ棒という道具を使って木をけずり、こけしの形をつくります。次に、ろくろで回転するこけしに筆で線を入れ、模様を描いていきます。顔やからだの模様は、ろくろから外し、細い筆で慎重に描いていきます。しあげにろうをぬり、底の部分にサインを入れると完成です。

つくる時間には個人差がありますが、わたしの場合は高さ15cmくらいの小さなこけしなら30分ほど、大きなものだと1時間くらいかけてつくっています。1日に多いときで十数個つくることができます。

こけしに使われるのはミズキの木です。20年ほどで育つ生長の早い木なのですが、昔、ほかに使いみちがないからとこけしの材料になったそうです。その土地であまっていたものを工芸品づくりに利用した、先人の知恵ですね。

弥治郎こけし村で展示販売されている富塚さん作のこけし。

Q どんなところがやりがいなのですか？

自分の手で、ふるさとに長く伝わってきた工芸品の伝統を守っているということが何よりのやりがいです。そして、お客さんが自分がつくったこけしを気に入って、笑顔で買ってくれるのもうれしいことです。

じつはわたしは結婚して、埼玉県に引っ越しました。でも、「せっかくこけし工人になれたのにもったいない」と師匠や先輩に声をかけてもらい、しばしばこけし村にもどって、こけしづくりを続けています。今は、埼玉県の自宅にも道具を持っていき、埼玉県と白石市とどちらでもこけしづくりができるようにしています。

結婚や出産、育児などで仕事の仕方を変えなければいけないことも多いですが、こけしづくりは、一度技術を身につければずっと続けられることがわかりました。もちろんわたしひとりの力ではありません。そんな環境を用意してくれたまわりの人たちに感謝しています。

もとは漆を採取するための道具だったというバンカキやカンナ棒で、こけしの細かい部分をけずる。

「こけしの形をつくる技術はからだが覚えてきましたが、今でも模様、とくに顔を描くときには緊張します。話しかけられても気づかないくらい集中するんです」

富塚さんの1日

08:30	出社。開村時間までこけしづくり
09:00	事務所や売店の仕事
13:00	きりのよいタイミングでランチ
14:00	事務所や売店の仕事。お客さんが少ないときにはこけしづくり
17:00	こけし村の閉村時間。かたづけ
18:00	退社

用語 ※ ろくろ ⇒ 材料を台座に取りつけて回転させ、円形にしあげるための道具。焼き物や木工などでよく使われる。

Q 仕事をする上で、大事にしていることは何ですか？

気持ちを落ち着かせることです。とくにこけしの絵付けは、本当に集中力が必要ですし、つくる人の心や内面が表れるんです。だから、イライラしていたり落ちこんでいたりするときにいくら描いても、全然うまくいきません。自分で描いたのに思わず「かわいくない……」と言いたくなるような表情になってしまうことも。そんなときは、こけしもかわいそうだし、悪循環になるだけなので、思いきって仕事を切りあげるのもひとつの選択です。わたしの場合は、ほかのこけし工人や売店の人とおしゃべりをして、気分転換しています。

自分を追いつめてしまうよりも、「また明日がんばろう！」くらいの気楽な気持ちでいることが、長くこけしづくりを続けていくためのコツなんじゃないかと思います。

Q なぜこの仕事をめざしたのですか？

高校3年生のときの担任の先生の紹介です。

わたしは、高校を卒業するとき、なかなか就職先が決まらず困っていました。そんなとき、担任の先生が見つけてきてくれたのが、こけし工人の修業をしながら弥治郎こけし村の事務員として働くことができる、白石市の「地域人材育成事業」というプログラムでした。たしか面接が3月中旬で、本当にギリギリで就職先が決まったんです。

就職したばかりのころは、同じ職場にいるのは年配の人ばかりで、年が近いのは同期の男性だけ。しかも人と少しちがう仕事をしているし……と、正直、少しはずかしいような気持ちもありました。でも、今では、自分が郷土の伝統を守っているという誇りをもってこの仕事をしています。

Q 今までにどんな仕事をしましたか？

最初にやったのは、ろくろにミズキの木をまっすぐ取りつける「立てつけ」の練習でした。お手本を見せてもらったときは簡単そうに思えたのですが、力と微妙なコツが必要で、とてもむずかしく、先が少し不安になるくらいでした。

立てつけができるようになったあとの最初の1年間は、道具の使い方を覚えるために、ひたすらおもちゃのこまをつくったり、こけしのイベントの手伝いをしたりしていました。

ようやくこけしをつくらせてもらえるようになったのは2年目からです。最初は絵付けは任せてもらえず、形をつくるのみでした。絵付けをさせてもらえるようになったときに正式な師匠が決まり、わたしは梅の模様を特徴とする小倉勝志師匠に弟子入りをしました。3年間のプログラムが終了したとき、完全にこけしづくり一本で独立するという選択肢もありました。でも、わたしはふつうの仕事も経験したいと思ったので、弥治郎こけし村の事務員をしながら、休み時間や夜間にこけし工人として工房でこけしをつくり、販売してもらうという道を選びました。つくるこけしの数は少し減りましたが、そのぶん、心をこめてつくっています。

仕事を始めて6年目に結婚してからは、白石市と埼玉県を行き来しながらこけしづくりをしています。

同期のこけし工人と談笑する富塚さん。「それぞれ別の師匠についてからもはげましあえる、お兄さんのような存在です」

・バンカキとろくろ・

・カンナ棒・

・絵付け用の筆・

PICKUP ITEM

左上の写真の手前がバンカキで奥がろくろ。ろくろに木材をまっすぐに立てつけ、大きな部分はバンカキ、細かい部分はカンナ棒を使ってけずっていく。形をつくりおえたら、筆で絵付けをする。ろくろから外す前に「ろくろ模様」を描き、外したあとに顔などを描く。

Q 仕事をする上で、むずかしいと感じる部分はどこですか？

伝統工芸品づくりの仕事全般に共通することかもしれませんが、よい道具がなくなりつつあることが悩みの種です。道具をつくる職人がどんどんいなくなっているので、手入れをしながら大事に道具を使わなくてはいけません。

それから、つくったこけしが売れないと、そのまま収入減につながってしまうのも大変なところです。

こけし工人は、毎年新作を買ってくれたり、アドバイスをしてくれたりと応援してくれるお客さんに支えられています。自分を知ってもらうためには、イベントでトークショーをやったり、お客さんと仲良くなったりして、ファンを増やさないといけません。じつはわたしはすごく人見知りをするので、自分を売りこむのが苦手なんです。でも、師匠や先輩がわたしに目をかけ、お客さんに紹介してくれるので、助けられています。本当に感謝しています。

Q ふだんの生活で気をつけていることはありますか？

今は子育てをしながらこけしをつくっているので、自分のペースを守り、上手に息抜きをして、無理をしないことを心がけています。母親になってから、よく「こけしの表情が優しくなったね」と言われます。わたしにとってはうれしい言葉です。こけしにはこけし工人の内面が出るので、同じこけし工人がつくったこけしでも、年代によって顔が変わっていったりするんですよ。あとは、埼玉県と白石市の気温のちがいなどで体調をくずさないように気をつけていますね。

Q これからどんな仕事をしていきたいですか？

先ほどもお話した通り、こけしには、つくり手の内面が出るんです。だから、しっかりと地に足を着けた生き方をしていかなくてはと思っています。まずは目の前の子育てを精いっぱい楽しみたいですね。母親だからこそ出せるかわいらしさや優しさ、ぬくもりのある表情をしたこけしがつくれるようになりたいです。

そしていつかは、今よりずっと多くの人に「富塚由香作のこけしがほしい！」と言ってもらえるようなこけし工人になって、ふるさと白石市の伝統こけしを日本中、世界中に広めていけるお手伝いがしたいと思っています。

わたしが子どものころ、宮城県では、どの家にも居間や玄関にこけしがかざってありました。わたしがつくったこけしが、いろいろな人のくらしを見守るような存在になれたら、本当にうれしいですね。

絵付けをする富塚さん。「絵付けをするときは、いったん左手の手袋に練習をしてから描くんです」

こけし工人になるには……

こけし工人になるためには、まず師匠を探して弟子入りし、一から技能を身につけることが必要です。地方公共団体や協同組合、工房が弟子の募集をしていることがあるので、こまめにWEBサイトなどをチェックしましょう。興味があったら自分から問いあわせてみてもよいでしょう。こけしの産地は東北地方に多いので、遠方に住んでいる場合はひとり暮らしをする必要があります。

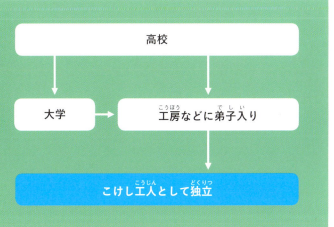

Q こけし工人になるにはどんな力が必要ですか？

素直に人の話を聞けることと、うまくいかなくてもあきらめずに粘りづよくひとつのことを続ける決意でしょうか。

よく「手先が器用じゃないとできないでしょ？」と聞かれるのですが、わたしは、あまり手先が器用な方ではありません。師匠の見本通りにやっているつもりでも、自分がやってみるとへたくそになってしまい、「この仕事、向いていないのかも……」と思ったことも何度もあります。

でも、師匠や先輩は、自分の仕事を中断しながらもわたしを指導してくれているのです。下手な部分やできていない部分を指摘されたときも、すねてしまうのではなく、感謝をしながら素直に受けいれて、次に活かすことを心がけてきました。

おかげで、少しずつですが納得のいくこけしがつくれるようになり、4年目の春からこけし工人を名乗ることを許されました。今では、師匠や先輩、こけし村のみなさんに、「由香ちゃん」と、家族のようにかわいがっていただいています。

「先輩こけし工人や師匠に目をかけていただいて、地元のあたたかさや伝統が大好きになりました」

Q 中学生のとき、どんな子どもでしたか？

吹奏楽部に所属し、毎日部活をがんばっていました。未経験から入部して、楽器がうまく吹けなかったので、担当することになったのはパーカッションでした。でも、猛練習のかいあって、1年生のときから夏のコンクールのメンバーに選ばれたんですよ。

おとなしくて、人見知りもする方だったので、ぜんぜん人前に出るタイプではありませんでした。今、わたしが人前でイベントのトークショーをやったり、こけしづくりの実演をしたりしているのには、中学時代からの友人たちはおどろいていると思います。

勉強は、どちらかというと苦手でしたが、得意科目は美術と書道でした。小学生のころに2年間ほど習字を習っていましたが、まさかこうして、自分が毎日筆を使う仕事に就いているとは思いもしませんでしたね。

富塚さんの夢ルート

小学校〜中学2年生 ▶ とくになし

将来についてはぼんやりとしか考えていなかった。ケーキ屋さん、おもちゃ屋さん、お花屋さん、幼稚園の先生など、聞かれるたびにころころと変わっていた。

▼

中学3年生〜高校 ▶ 事務の仕事

職場体験で子どもを相手にする仕事のむずかしさを痛感し、デスクワークの仕事に就けるようにと商業高校に進学した。

▼

高校3年生 ▶ こけし工人

担任の先生がすすめてくれた、市の地域人材育成授業プログラムに応募することで、こけし工人への道がひらけた。

今でもこけしの顔を描いたりサインを入れたりするときには、心をこめて硯ですった墨を使う。

吹奏楽部で使っていた楽譜とスティックは、今でも大切に保管してある。

Q 職場体験では、どんな印象をもちましたか？

学校から出された候補から選び、3日間、近所の幼稚園に行きました。友だちと4人くらいで体験に行き、年少、年中、年長の3つのクラスを1日ずつお手伝いしました。

わたしにとっては、子どもたちと仲良く遊んで、とても楽しい経験でした。お昼寝の時間に、寝かしつけている子どもたちといっしょにわたしもうっかり眠ってしまい、友だちに笑われてしまったのを覚えています。でも、1対1なら大丈夫だったのですが、同時に大勢の子どもたちの相手をしたり、きちんということを聞かせたりするのは本当にむずかしかったです。「この人数をひとりで見ているなんて、幼稚園の先生ってすごい！」と、それまでと見る目が変わりました。

幼稚園の先生は当時のあこがれの仕事のひとつだったのですが、この体験を通じて、自分には向いていないことがわかり、あきらめることにしました。それで、デスクワーク系の仕事がしたいと思って商業高校に進学したんです。

Q この仕事をめざすなら、今、何をすればいいですか？

中学時代って、やりたいことがいろいろある時期ですよね。そのままの気持ちを大切に、部活でも、遊びでも、恋愛でも、やりたいと思うことを精一杯やってください。どんな経験でも、将来に活きてくるはずです。まわりに迷惑をかけなければ、多少は羽目を外したっていいんじゃないかと思います。おとなになったら、できなくなっちゃいますからね。

あとは、自分の住むまちに目を向けてみてください。身近すぎてかっこ悪いと思っていた場所に、意外なよさやすてきなところがかくれているのを再発見できるかもしれませんよ。じつはわたしも、はなれて暮らすようになってから、白石市のよさやあたたかさに気づいたんです。

中学時代の富塚さん。「目立つタイプの子ではなく、ごくふつうの中学生でした」

大好きなふるさとの伝統工芸品を自分の手で受けついでいきたい

－ 今できること －

ふだんの暮らし

伝統工芸品をつくる人になるには、技術を身につけるまで努力をする力や素直さが必要です。部活の練習などが大変なときにも、休まずにコツコツと努力し、先生や先輩から指導を受けたときにも素直に受けいれるようにしましょう。工芸品づくりを体験させてもらえる機会があったら積極的に参加してみましょう。

また、流行を追いかけるだけではなく、身のまわりにある古いものにも目を向けてみましょう。意外なよさや魅力を見つけることができるかもしれません。

国語 トークショーなどでお客さんとふれあうのも大事な仕事。また、目上の人と接する機会も多い仕事です。正しく美しい日本語と敬語を身につけましょう。

社会 伝統工芸品をつくる担い手として、地域の歴史や文化に関する知識があると、作品に説得力が増します。社会の時間に基礎を身につけましょう。

美術 絵筆のあつかい方や色彩センスなど、美術の授業で学ぶ内容は手を使う仕事をするための必須項目です。

英語 日本の伝統文化を世界に広めていきたいと考えるのなら、英語で発信することが必要になります。英単語の意味や文法、会話などの基礎を身につけておきましょう。

File No.72

日本酒蔵人
にほんしゅくらびと

Sake Brewer

飯沼本家(いいぬまほんけ)
御子神一葉(みこがみかずは)さん
5年目 26歳(さい)

2000年前からある日本酒を次世代に伝えていく

室町時代からの城下町(じょうかまち)、千葉県酒々井町(ちばけんしすいまち)。ここにある創業(そうぎょう)300年をこえる酒蔵(さかぐら)「飯沼本家(いいぬまほんけ)」では、代表的な「甲子(きのえね)」をはじめ、さまざまな種類の日本酒が造(つく)られています。日本酒造(にほんしゅづく)りの職人「蔵人(くらびと)」として働く御子神一葉(みこがみかずは)さんにお話をうかがいました。

Q 日本酒蔵人とはどんな仕事ですか？

蔵人は、日本の伝統文化のひとつ、「日本酒」を造ります。

日本酒の原料はお米ですが、ふだん食べているお米より大粒でたんぱく質の少ない専用の「酒米」を使います。

酒造りは、米の表面をおおうぬかをけずりとる「精米」から始まります。精米を終え、表面についたぬかを洗いおとしたら、米に水を吸わせます。そして、米に蒸気を当てる「蒸米」を行い、でんぷんを分解されやすくします。蒸米のあと、米は、日本酒のもとである「酒母」になるものと、「麹」にするものとに分けられます。麹とは、米や麦などの穀物にコウジカビを付着させたもののことで、日本酒造りには欠かせません。酒母は、蒸米した米と水、麹、酵母※、乳酸を混ぜてつくります。

酵母が増えて発酵が進んだら、そこへさらに、蒸米、麹、水を何回かに分けて加えます。こうして、「もろみ」ができあがります。1か月ほど発酵を続けたもろみをしぼって、取りだした液体が「新酒」です。この新酒を濾過し、60〜70度に加熱して殺菌をしたら、熟成しすぎないように温度管理をしながら貯蔵して、仕込み用の水を加えます。そうして、最後にビンづめをすると、商品のできあがりです。

ぼくは、今、この酒造りの工程のうち、専用の酒母室で酒母をつくる「酛屋」という仕事を担当しています。

Q どんなところがやりがいなのですか？

約2000年前から続く日本酒造りを、次世代に伝える役割を担っていることに、大きなやりがいを感じます。

酒造りは、秋から冬にかけて行う仕事です。そのため、昔の蔵人は、その季節だけ蔵に集まって仕事をしていました。しかし、それでは春と夏に別の仕事をしなくてはなりません。飯沼本家は、会社のかたちをとっているので、蔵人は会社員として安定した生活をしながら、伝統の担い手として働くことができます。会社には、ぼくの所属する製造部のほかに営業部、事務、出荷担当部などがあり、酒造りを行わない春と夏は、蔵人も、それぞれの部署を手伝うのです。

それから、造ったお酒が「おいしい」と喜んでもらえたときには、何ともいえない達成感がありますね。じつはぼくの両親はお酒が飲めない体質です。それなのに、ぼくが初めて造ったお酒を持っていったとき、父はひと口飲んで、「おれには酒の味はわからないけど、これはきっといい酒だと思うよ」と言ってくれました。とてもうれしかったですね。

貯蔵タンクの前で試飲をする御子神さん。お酒の品質を守るため、温度が管理され、夏でもひんやりしている。

酒母づくりのようす。温度を上げたり下げたりして発酵を進める。「冷やすときは容器のまわりに重たい氷を何度も運びます」

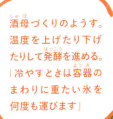

酒母室で、発酵中の酒母の状態を確認する御子神さん。「酒母がもろみになったら、新酒の完成までもう一息です」

御子神さんの1日（秋〜冬）

- 08:00 出社。着がえて、蔵内の酒の神さま（酒解神）に祈りを捧げ、作業を開始
- 11:00 酒母をかきまぜつつ、ようすを確認
- 11:30 酒母の状況を記録
- 12:30 ランチ
- 13:30 用具の洗浄、試飲など
- 14:30 酒母を冷やしながらかきまぜ、発酵のようすを確認
- 18:00 退社

用語 ※酵母⇒糖分を分解して、アルコールと二酸化炭素にする微生物。

Q 仕事をする上で、大事にしていることは何ですか？

お酒を飲んでくれるお客さまのことを考えながら、心をこめて仕事をすることを心がけています。

飯沼本家には、年に2回、「きのえね大試飲会」という、お客さまにお酒をふるまう機会があります。ぼくたち製造部門のスタッフが酒蔵の法被を着て、さまざまなお酒を、直接お客さまに提供するのが習わしです。うちのお酒を愛してくださる、たくさんのお客さまとの交流は、これからもよいお酒を造っていこうという原動力になっています。

自分の席でその日の酒母の状態を記入する御子神さん。「微生物は目に見えないので数値と経験、想像力が頼りです」

きのえね大試飲会の準備のようす。「お客さまの声を直接聞ける、とてもよい機会なので、ぼく自身も楽しみにしているイベントです」

Q なぜこの仕事をめざしたのですか？

手に職をつけることにあこがれをもっていた高校生のころ、たまたま友人が貸してくれたのが、『もやしもん』というマンガでした。菌を肉眼で見られる青年が主人公の、農業大学を舞台にした物語を読んで、さまざまな菌の魅力に夢中になりました。また、同じころ、テレビのドキュメンタリー番組で、酒造りに人生をかける杜氏※の特集を見て、「ここまで情熱をかたむけられる仕事なんだ！」と感動し、菌がつくりだす日本酒の奥深い世界に魅了されました。

そこで、微生物や菌、発酵の力について学ぶために農業大学に進学しました。大学3年生の冬には、2週間泊まりこみの酒蔵実習があり、ぼくは栃木県の渡邉酒造に行きました。そこで酒造りのおもしろさを再発見し、卒業したら自分も酒蔵で働こう、と決意を固めました。

就職活動では、地元・千葉県の酒蔵の求人を探しました。その年、千葉県で募集があったのは今の会社だけでした。必死に面接で熱意を伝えて、蔵人としての採用が決まり、夢だった酒造りの入り口にたどりついたときはうれしかったです。

Q 今までにどんな仕事をしましたか？

入社したてのころは、精米を担当していました。でも、「酛屋」を担当していた先輩が退職することになり、大抜擢で、ぼくがあとを引きつぐことになりました。酒造りには、「一麹・二酛・三造」という言葉があります。酒造りでもっとも重要な工程は「麹」、次に「酒母（酛）」、そしてもろみを仕込む「造り」ということです。

毎年春から夏にかけては、酒造り以外の仕事もしています。2年目までは、営業を任されていました。まちの酒屋さんや都内の百貨店、地酒専門店などを回り、定番商品「甲子」をはじめ、飯沼本家のお酒を販売してもらうことが仕事です。じつは最初は、「酒造りが仕事なのに、どうして営業まで……」と不満でした。でも、お店を回るうちに、考えが変わりました。どんなお客さまが飯沼本家の酒を買っていくのか、うちの酒が世の中でどんな評価を受けているのか、どんな酒蔵のお酒が売れているのかなど、酒造りだけではわからない、貴重な情報をたくさん得ることができたのです。

3年目の夏からは、蔵の清掃や機械の手入れ、飯沼本家の田んぼや農園での農作業も行っています。酒造りに没頭する期間だけでなく、さまざまな仕事をこなす期間があることで、気分転換になったり、酒造りへの新たな発想が生まれたりして、充実した1年を過ごしています。

御子神さんが企画に関わった『大吟醸 粋一撰』。平成29年東京国税局酒類鑑評会の吟醸の部で優等賞に輝いた。

用語 ※杜氏 ⇒ 酒蔵で蔵人たちをたばねる、酒造りの最高責任者。杜氏を名乗れるのは、通常、ひとつの蔵にひとりだけ。

Q 仕事をする上で、むずかしいと感じる部分はどこですか?

　うちの酒蔵だけでなく、業界全体に言えることですが、一般企業に比べると、給料はあまり高くないかもしれません。でも、これからどんどん人気の日本酒を造っていくことができれば変わるかもしれないと考えてがんばっています。

　また、酒造りでいそがしい秋から春にかけては、長期の休みは取れません。酒蔵によっては、冬場は1日も休みがないというところもあります。学生時代から、スキーやスノーボードなど冬のスポーツが好きでしたが、この仕事を始めてから、楽しむ機会がなくなってしまいました。だから、代わりに夏のスポーツに挑戦しようかと考えています。

Q ふだんの生活で気をつけていることはありますか?

　全国各地の蔵で造られている日本酒の情報収集です。家で妻と晩酌をしながら、「このお酒にはこんな料理が合うね」、「こんな飲み方がいいね」、と話したり、ひとりで居酒屋に行ったときに、いろいろな日本酒を飲みくらべつつ、お店の人からそれぞれの酒蔵の話を聞いたりしています。

　お酒によって、おすすめの温度がちがったり、器によって感じ方が異なったりするので、自分なりに研究をしています。

　それから、酒造りの期間は、朝食では絶対に納豆を食べてはいけないんです。生命力の強い納豆菌は、麹に混ざってしまうとどんどん繁殖し、麹がネバネバになってしまうのです。納豆を食べたければ夜に、しかも食後に必ず入浴し、納豆菌を洗いおとさなければいけません。蔵によっては、ヨーグルトや漬け物などの乳酸菌も禁止しているそうです。

Q これからどんな仕事をしていきたいですか?

　いつか、蔵人全員を率いる「杜氏」になりたいです。杜氏は、酒造りに関して、原料のあつかいから、酒しぼり、貯蔵、熟成といった複雑な工程をすべて取りまとめます。さらに、酒の味わいを判断し管理している、酒造りのスペシャリストでもあります。

　夢をかなえられるよう、今は、日本酒への愛情をもって仕事に取りくみ、酒母づくりをもっとつきつめたいと思います。

蔵内での作業着と撹拌棒

酒母の管理簿

PICKUP ITEM

醸造蔵に入るときは清潔第一の作業着に着がえる。酒をかきまぜるのに使う撹拌棒など、使う道具は、酒ににおいがうつるといけないので洗剤を使わず、すべてお湯で洗う。酒母の状態を管理するための管理簿は、酛屋にとって命のように大切なもの。

日本酒蔵人になるには……

　酒造りでは、微生物や発酵に関する専門知識が役立ちます。大学の農学部や生物学部などを専攻すると微生物や菌について学ぶことができます。ただし、全国的に求人を行っている酒蔵は多くないため、蔵人になるのはかなりのせまき門です。ほかに、ビールなどもあつかうような大きな飲料メーカーに就職し、日本酒を製造する部門に配属されるという手段もあるでしょう。

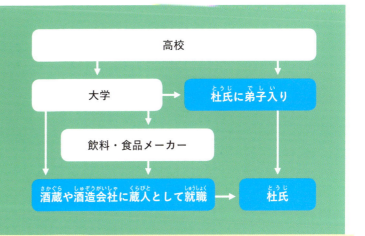

Q 日本酒蔵人になるにはどんな力が必要ですか？

体力をつけておくことが大切です。酒造りが始まると、休みがあまりとれない上、立ちっぱなしの作業が続きます。また、仕事場である「酒母室」は、つねに室内を5℃前後の環境に保たなければなりません。暖房を入れるわけにはいかないので、寒いときには重ね着するなどの対策が必要です。

また、酒造りには好奇心や探究心も必要です。原料は米と水だけなのに、麹や酵母の種類によって、まったく個性のちがう豊かな味や香りが生まれます。伝統の製法や技術を継承しながら、これから時代に合わせて、どんなお酒を造っていくか。そこが酒造りの醍醐味だと思います。

飯沼本家では、日本酒の材料となる米づくりから一貫して取りくんでいる。「農業でいい汗をかいています」

御子神さんの夢ルート

- **小学校・中学校 ▶ 動物園の職員**

  実家で犬を飼っていたため、動物が好きで、動物たちに囲まれて働きたいと思っていた。

  ▼

- **高校 ▶ 日本酒に関わる仕事**

  マンガ『もやしもん』に夢中になり、微生物の働きに興味をもつ。また、テレビのドキュメンタリー番組で杜氏の特集を観て、日本酒を造る仕事に興味をもつ。

  ▼

- **大学 ▶ 日本酒の杜氏**

  大学では、応用生物科学部醸造科学科で微生物学を専攻。大学3年生の酒蔵研修を経て、杜氏をめざそうと決意。卒業後は飯沼本家に就職。

Q 中学生のとき、どんな子どもでしたか？

柔道部に所属し、部長をつとめていました。25人ほどの部員をまとめつつ、模範となるように人一倍練習にはげんでいましたね。

いちばん印象に残っているのは、中学3年生の最後の夏の大会です。1日目が個人戦、2日目が団体戦だったのですが、1日目の個人戦で、試合中に骨折をしてしまったのです。2日目は棄権しようかとも考えたのですが、中学最後の試合だったので、痛みどめの注射を打って強行出場しました。団体戦で、必死に相手にくらいつき、みんなでがんばって4勝し、準決勝まで進んだものの、結果は地区大会第3位。2位以上ならば県大会に進めたので、くやしくてみんなで泣きました。

学習面では、理系科目が得意で、社会のような暗記科目が苦手でしたね。子どものころから中学時代まで実家で犬を飼っていたことから、動物に興味がありました。このころは、将来は動物園で働きたいと考えていました。

中学時代の御子神さん。黒帯の腕前で、部長としてみんなをひっぱっていた。右下は、地区大会で優勝したときのメダル。

Q 中学のときの職場体験は、どこに行きましたか？

ぼくの中学校では、2年生のときに職場体験学習がありました。体験のあとには全員で文集をつくるなど、けっこう学校側も力を入れていました。

ぼくは、6人ほどの班で3日間くらい、学校の近くにあった消防署に行きました。消防署の役割や、消防車や救急車に搭載されている機材について説明を受けたり、実際の火災現場の話を聞いたりしました。それから、救急隊の人に、さまざまな場面に合わせた応急手当や心臓マッサージの方法を教えてもらいました。

Q 職場体験では、どんな印象をもちましたか？

救命救急の講習を受けさせてもらって、修了証を発行してもらいました。いざというときに役立つ技能を身につけられたことが誇らしかったです。

署員の人たちのようすを見ていて、「働く」ことのかっこよさを実感しました。でも、かっこいいだけでなく、火災や災害など、命に関わる現場で仕事をするという、責任の重さも伝わってきました。たった3日間の体験でしたが、自分も将来は何か人に誇れるような仕事がしたいと考えさせられましたね。また、署員の人たちがいきいきと働くようすから、仕事というのは、お金を稼ぐだけでなく、やりがいや楽しさも重要だということを教わりました。

Q この仕事をめざすなら、今、何をすればいいですか？

体力や健康なからだづくりはとても重要です。ぼく自身も、夏場にランニングをするなど、体力づくりにはげんでいます。運動部に所属している人はもちろん、文化部の人も、基礎体力づくりに努めてください。

それから、想像力を働かせ、さまざまなことに興味をもちましょう。たとえば、酒造りの見えないヒーローである微生物に思いをはせるだけでも、目の前の世界がちがうものに見えてくるでしょう。日本酒を造る工程で、麹菌や酵母がどんな働きをしているのか、また、納豆、ヨーグルト、味噌、キムチなど、お酒以外にどんな発酵食品があるのか調べてみるのもいいですね。

職場体験で学んだことをまとめた文集と、救命講習の修了証。

- 今できること -

ふだんの暮らし

日本酒造りの仕事には、体力が必要です。部活や体育の授業などで、体力づくり・健康なからだづくりにはげみましょう。

また、微生物の力を肌で感じるために、毎日の食卓に出てくる発酵食品のつくり方を調べたり、実際につくってみたりするのもおすすめです。ヨーグルトや納豆は市販品をもとにつくることができますし、味噌の仕込みも一般家庭でも挑戦できます。もちろん失敗してしまうこともありますが、それも貴重な学びにつながります。

 国語 漢字が得意だと、日本酒造りにまつわる言葉の意味が想像できて興味が広がります。語彙力や漢字の基礎力を身につけておきましょう。

 社会 日本各地の伝承や伝統文化、歴史などが、日本酒造りと密接に関わっていることも多いです。知っておくと、酒造りの仕事への理解が深まるでしょう。

 理科 菌類の特徴や発酵、腐敗などの内容、化学式などの内容は、日本酒の醸造に直結する知識です。しっかりと勉強しておきましょう。

 体育 秋から春にかけての日本酒造りの期間は、体調を崩すわけにはいきません。健康なからだをつくりましょう。

仕事のつながりがわかる
伝統文化の仕事 関連マップ

伝統文化とわたしたちとの関わり

ここまで紹介した伝統文化の仕事が、
それぞれどう関連しているのか、
伝統文化とわたしたちとの関わりの例を見てみましょう。

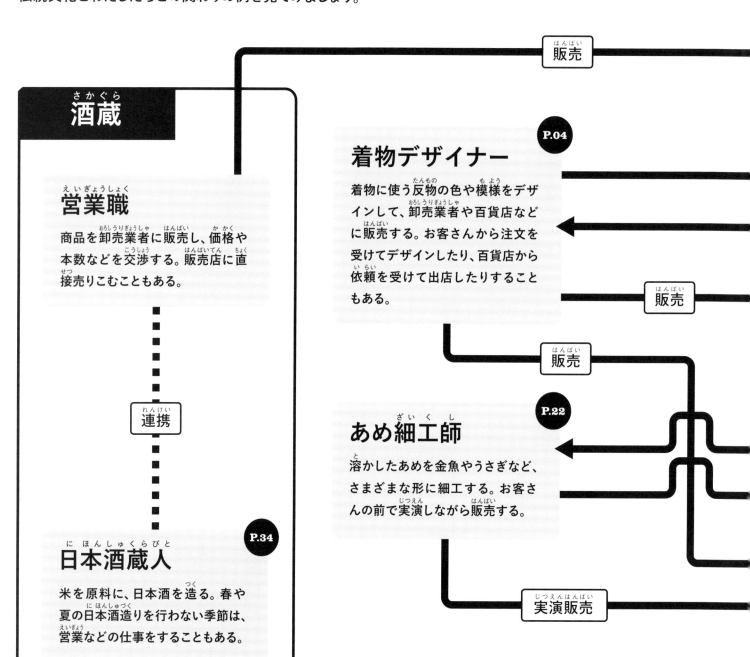

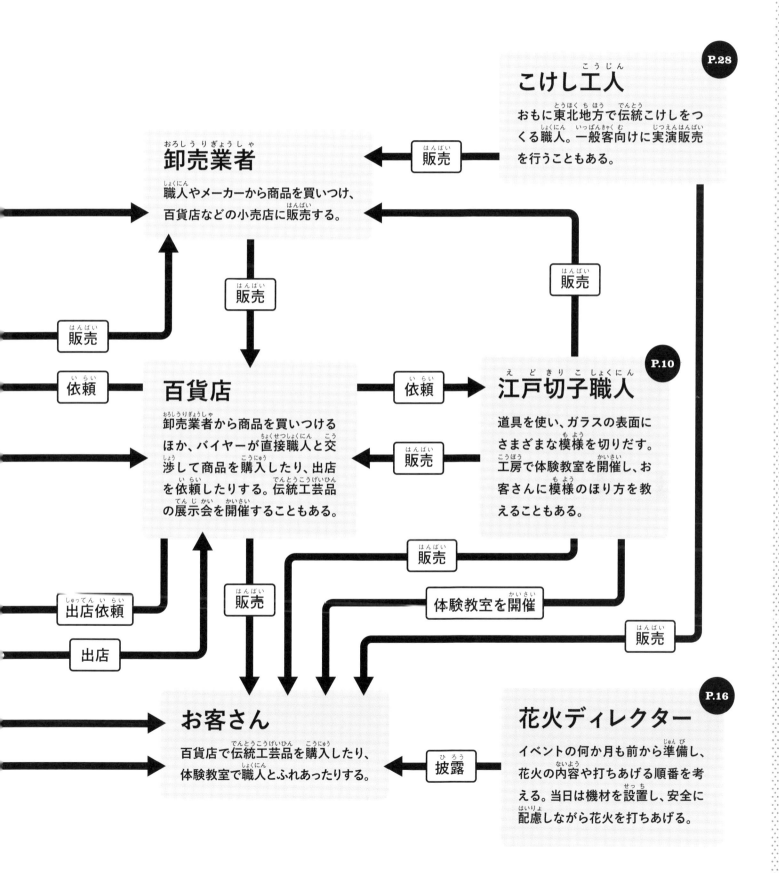

これからのキャリア教育に必要な視点 13
伝統をプラスワンで進化させる

▶ 伝統を守る仕事も変わりつつある！

「昔から地元に伝わる伝統文化を守っていきたい！」そう思っている人は世の中にたくさんいると思うのですが、現実はなかなかきびしいようです。伝統的工芸品産業のデータを見てみると、生活様式の変化、海外からの安価な輸入品の増加などもあり、伝統的工芸品の生産額は、年々減少傾向にあります。産業自体の規模が縮小を続ける現状では、後継者探しがむずかしく、廃業するケースも増えています。

しかし、少し発想を変えると、新しい展開が見えてくるかもしれません。天才落語家と言われた立川談志（1936～2011年）は、多くの落語家が伝統を守ることにこだわりすぎる中で「伝統を現代に」とうったえました。落語は江戸時代から現在まで庶民に愛されてきた話芸です。伝統に現代の要素を加えていくことの重要性に彼は気づいたのです。

つまり、伝統を守るためには、ただ昔のやり方を守っていけばよいわけではないのです。伝統を現代的に進化させる必要があり、そのヒントは、この本に出てくる人たちが教えてくれます。

花火の世界には、コンピューター制御と音響の演出で新しい時代の花火ショーをつくりあげる、花火ディレクターという仕事が誕生しました。着物の仕立て屋に生まれたキサブローさんは、現代のファッションと着物を組みあわせて新しいブランド「キサブロー」を生みだしました。

今まで受けつがれてきた伝統に、何かひとつ、自分なりに現代との接点を見つけ、プラスすることが、新しい可能性の扉をひらくカギとなるのです。そうやって時代の変化をうまく取りいれ、進化し続ける伝統文化が、これからも残っていくのでしょう。

だからこそ、伝統文化の仕事には若い人たちの新しい発想や技術が必要なのです。この仕事に対して、保守的、閉鎖的といったイメージをもつ人が多いかもしれませんが、必ずしもそうではなく、この分野にも活躍の場があることを、みなさんには知ってほしいと思います。

伝統的工芸品産業の推移

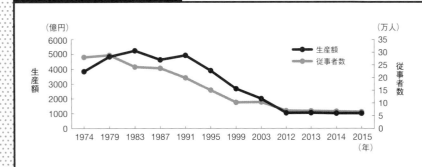

日本人の伝統的な生活様式が変化したり、海外から安価な輸入品が増えたりしたことで、伝統的工芸品産業の生産額は減少傾向にある。また、企業規模の縮小や職人の高齢化、後継者不足が深刻化し、従事者数も年々減っている。

参考：（財）伝統的工芸品産業振興協会調べ

佐賀県では、県内で活動する芸術文化団体が小中学校などで人形浄瑠璃や落語などの教室を開催し、子どもが伝統文化にふれる機会をつくっている。左は「唐津人形浄瑠璃保存会による教室」、右は「笑菱会による落語教室」。

▶ 地域との連携で伝統文化にふれる

　キャリア教育の視点で伝統文化を考えるとき、まずは地域の伝統文化に目を向けることから始めてほしいと思います。伝統文化が後継者不足になっている大きな原因のひとつは、若い人たちが伝統文化についてよく知らないことです。地域の伝統的な文化にふれたり、体験したりする機会は少なくなっています。そのため、「本物のよさ」を実感できず、興味をもてずにいるのです。

　地域と連携し、ふだん、なかなかふれることのできない伝統文化を見たり、体験したりする機会を学校が提供していく必要があります。職場体験のメニューに、伝統文化に関連する仕事を加えてみるのもよいでしょう。

　もし伝統文化に興味をもった人がいれば、自分たちの暮らしを見直してみるとよいでしょう。伝統や文化は、暮らしの中に息づいています。将来につながるヒントが見つかるかもしれません。

▶ 探究することで見えるものがある

　伝統文化などに興味をもった子どもたちへの指導に関しては、「堀川の奇跡」が参考になります。京都市立堀川高校は、かつてはふつうの公立高校でしたが、1999年に「探究科」ができたことがきっかけで、今ではユニークな進学校として知られるようになりました。

　「探究科」では、週に何回か、生徒たちが自分でテーマを決めて、授業で好きなことを研究します。そうすると、生徒自身が「もっとこの科目を勉強しなくては」、「このことについて調べてみよう」などと気づき、自主的に勉強するようになるのです。結果として学力は大きく上がり、2002年には国公立大学の現役合格者が前年の約20倍となりました。

　みなさんは、興味をもつことを大事にしてください。そして、先生は子どもたちが自ら探究していけるように、アドバイスをしてあげてください。自分には何が必要なのかが見えてきて、子どもたちの行動が変わってくるはずです。

PROFILE
玉置 崇

岐阜聖徳学園大学教育学部教授。
愛知県小牧市の小学校を皮切りに、愛知教育大学附属名古屋中学校や小牧市立小牧中学校管理職、愛知県教育委員会海部教育事務所所長、小牧中学校校長などを経て、2015年4月から現職。数学の授業名人として知られる一方、ICT活用の分野でも手腕を発揮し、小牧市の情報環境を整備するとともに、教育システムの開発にも関わる。文部科学省「校務におけるICT活用促進事業」事業検討委員会座長をつとめる。

構成・林孝美

さくいん

あ
- あめ細工師 …… 22、23、24、25、26、27、40
- イベント …… 6、7、23、24、30、31、32、36、41
- インターネット …… 9、11、15、21、27
- SNS（エスエヌエス） …… 11、12
- 絵付け …… 30、31
- 江戸切子 …… 10、11、13、14、15
- 江戸切子職人 …… 10、11、12、13、14、15
- 江戸時代 …… 9、10、23、28、42
- 煙火消費保安手帳 …… 18、19
- 親方 …… 11、12、14

か
- 火薬類取扱保安責任者 …… 18、19
- 着物 …… 4、5、6、7、8、9、40、42
- 着物デザイナー …… 4、5、7、8、9、40
- 蔵（酒蔵） …… 34、35、36、37
- 麹 …… 35、36、37、38、39
- 講談 …… 7
- 高等専門学校（高専） …… 24、26
- 酵母 …… 35、38、39
- 工房 …… 11、13、14、15、30、31、41
- こけし（弥治郎系伝統こけし） …… 28、29、30、31、32、41
- こけし工人 …… 28、29、30、31、32、41
- コレクション …… 5、6

さ
- 酒造り（日本酒造り） …… 34、35、36、37、38、39、40
- 師匠 …… 23、27、29、30、31、32
- 仕立て屋 …… 6、8、42
- 実演 …… 12、23、24、25、26、32、40、41
- 修業 …… 6、12、30
- 酒母 …… 35、36、37、38
- 職場体験 …… 9、15、21、27、32、33、38、39、43

た
- 体験教室 …… 23、24、26、41
- ダイヤモンドホイール …… 10、11、13
- 反物 …… 5、40
- デザイン …… 5、6、7、8、9、11、12、13、20、24、27、40
- 弟子 …… 6、7、12、13、14、23、24、25、26、30、31、37
- 展示 …… 15、28、29、41
- 伝統技術 …… 11、23、26、27
- 伝統工芸（伝統的工芸品） …… 12、27、31、33、41、42
- 伝統文化 …… 9、33、35、39、40、42、43
- 杜氏 …… 36、37、38

な
- 日本酒 …… 34、35、36、37、38、39、40
- 日本酒蔵人（蔵人） …… 34、35、36、37、38、40
- 農業大学 …… 36

は
- 花火大会 …… 16、17、18、19、20、21
- 花火ディレクター …… 16、17、19、20、21、41、42
- （花火の）プログラム …… 17、18、20、21
- 東日本大震災 …… 18、20
- 美術大学 …… 6、7、8
- 微生物 …… 35、36、37、38、39
- フィールドコントローラー …… 17
- 吹きガラス …… 13

ま
- ものづくり …… 14、24、25、26、27
- 模様 …… 4、5、10、11、12、13、15、23、28、29、30、40、41
- もろみ …… 35、36

ら
- ろくろ …… 28、29、30

わ
- 和裁 …… 6、8

【取材協力】
キサブロー　http://kisaburo.xyz/
株式会社堀口切子　https://kiriko.biz/
株式会社日本橋丸玉屋　https://www.marutamaya.jp/
浅草 飴細工アメシン　http://www.ame-shin.com/
弥治郎こけし村　https://ameblo.jp/yajiroukokeshimura/
東京こけし友の会　http://www.tokyo-kokeshi.jp/
株式会社飯沼本家　https://www.iinumahonke.co.jp/

【写真協力】
Yusuke Baba(Beyond the Lenz)　p5-6
株式会社堀口切子　p11
株式会社飯沼本家　p36、p38
佐賀県　p43

【解説】
玉置崇（岐阜聖徳学園大学教育学部教授）　p42-43

【装丁・本文デザイン】
アートディレクション／尾原史和・大鹿純平
デザイン／水野 咲・石田弓恵

【撮影】
平井伸造　p4-27、p34-39
板垣麻弓　p28-33

【執筆】
小川こころ　p4-27、p34-39
林孝美　p42-43

【企画・編集】
西塔香絵・渡部のり子（小峰書店）
常松心平・中根会美（オフィス303）

キャリア教育に活きる！
仕事ファイル13
伝統文化の仕事

2018年4月7日　第1刷発行
2022年2月10日　第3刷発行

編　著　　小峰書店編集部
発行者　　小峰広一郎
発行所　　株式会社小峰書店
　　　　　〒162-0066東京都新宿区市谷台町4-15
　　　　　TEL 03-3357-3521　FAX 03-3357-1027
　　　　　https://www.komineshoten.co.jp/
印　刷　　株式会社精興社
製　本　　株式会社松岳社

©Komineshoten
2018 Printed in Japan
NDC 366　44p　29×23cm
ISBN978-4-338-31806-8

乱丁・落丁本はお取り替えいたします。
本書の無断での複写（コピー）、上演、放送等の二次利用、翻案等は、著作権法上の例外を除き禁じられています。本書の電子データ化などの無断複製は著作権法上の例外を除き禁じられています。代行業者等の第三者による本書の電子的複製も認められておりません。